*in memoriam A. F.*

Peter R. Pollmann

# Mollys Ausbruch

Lyrik

## Impressum

Bibliografische Information der Deutschen
Nationalbibliothek:
Die Deutsche Nationalbibliothek verzeichnet diese
Publikation in der Deutschen Nationalbibliografie;
detaillierte bibliografische Daten sind im Internet über
http://dnb.dnb.de abrufbar.

Herstellung und Verlag:
BoD – Books on Demand, Norderstedt

ISBN: 9783752877397

# Mollys Ausbruch

## ._. Ach Pünktchen,

Wie schärft's dich so
Auf Zucker im Schnee:

Mit Geschäftsbedingungen
Hat sich's. Von Gebrauchs
Anweisungen hast du das
Vermöbelte Näschen krass

Gebohnert voll, glaub's mir;
& zwar so was von Sturz.
& zwar so was von Mist.
& zwar so was von Zahn.

Wie's von Sprache zu Sprache.
Wie's, versteh mich, verdreh dich,
Aus Verwackeltem auftaucht;
Prall gefüllt präsentiert.

Besser gleich aus dem Netz.
Katz & Maus. Siehst du ein.
Plapper nach. Dir die Sintflut.
Mir ein Ort : Irgendwann.

## -.- Ohne Quatsch.

Krass. Hör mir zu,
Sieh dich an, wie lässig
Sich Spannkraft verläuft.
Blass verrinnt.

Wenn. Die Brühe dir
Nüchtern das Handgelenk
Wärmt. Wir bräuchten uns,
Nichts da, mit Verfügtem vertun.

## -_- Zählst du mit.

Keinesfalls. Ist Verlass.
Siehst du ein. Scheut das Immer.
Mach hin. Damit kennt der sich aus.

Wund. Was meinst du. Bestimmt.
Fleisch. Was denkst du. Von vorn.
Krass. Nun lehn' dich zurück.
Weht's den fortlaufend um.

**Alles** in **Allem.**

Ein prachtvoller Tag.
Dem nicht eine Schimäre.
Mir. Kein Wunschwichs.
Voranschritt. Dem kein.
Lebenslang. Kraus. Dir.
Der Kehle. Entschlüpft's.

**Bleib.**

Nur Sackratten.
Lässig. Schon.
Die hatten wir.
Sag' mal.
Über Tropfen.
Tau. Regt sich's.
Aber das.
Wie gesagt.

## & was sich,

versprochen, Gunst
des Augenblicks heißt;
ist das nicht die knuffigste
Nummer. Vor allen.

Ein Ausblick im Anblick
von Koffern allein. Gestapeltes
Treibgut. Ob leer. Ob gepackt.
Wie entschädigt's für Dableiben.
Immer. Mein Herz.

& jetzt fasst du dich kurz.
& jetzt machst du dich frei.
& jetzt packen wir's an.
So. Im Sprung. Einerlei.

## Klar.

Sie beißen sich fest. Wucht.
Ihr Maul. Nagt sich. Kahl.
Grell. Die piseln sich ein.
Sieh mir zu. Zieh vorbei.

## Da gibt's Situationen,

gibt's Momente da, da,
da rinnt dir der Speichel
die Kniekehlen rauf.

Wie Wörter. Wie Butter.
Wie Humbug. Verschmerzt.

& im Faltenwurf einer Erzählung,
hör zu, vergewissern wir uns
der bewaffneten Schwere,

die nach Mitternacht nur;
die sich fürsorglich streckt;
freie Bahn. Bricht. Vergisst.
Unverhofft. Ohne Klang.

## So weck mich,

mein Ritter.
Im Vorüber. All das.
Wie's immerzu aufschlägt,
entsetzt;

vertreibt's
uns beschaulich,
wie sagt's sich so schön,
kaum verlotterte Raumfrist
auf Zeit.

**Ein blaues Gedicht.**
Ein trefflicher Reim.

Doch sind Irrtümer alles.
Was hermacht. Was zählt.

Absolut. Dummerjan.
Also schlagen wir's aus.

Denn du kennst mich.
Was glaubst du. Wozu.

**war's**

doch unmissverständlich
ein anderes Mal ein weiteres
Lied an der Senke gesummt

wiegt's unwidersprochen
wenn man's recht überlegt
wie man's wendet & dreht
ein Vermögen nicht auf

auch musste ich gleich darauf
weinen. Woher. Keine Ahnung.
Ein Schwanz drauf. Verblüfft.

Wie hast du's,

**mein Herz,** böse aufgehetzt.

Sag mal. Warst du es nicht auch,
der geil tätowiert, der, nun sag schon,
Rebell, übel anzettelt. Wachruft.

Keine Fisimatenten.
So sagt sich's : Das war so.
Jede Auflehnung. Zwecklos.
Bunter Hund. Schwarz auf weiß.

Sie zeigen doch eh mit dem Finger
auf dich. Meine Teufel. Mein Blutstau.
Deine Hochmut. Im Schnitt.

**Ich sah dich,**

ich rief dich,
wie fand ich ihn wieder.

Bist du nämlich spritzig.
Bist einer von denen,
die hemmungslos, Luchs,
sang- & klanglos entkommen.

Kein Wunder.
Zum Nachspiel.
Wir mögen uns. Bleib.
Sieh. Erlesener Auswurf.
& die Antwort. Ist. Mir.

**Ein** Hundertprozentig.
**Ein** Schuss alter Tante.

macht der sich da breit
breit auf blassgelbem
deckblatt um einiges
trister ums Becken

Verkehrt. Nein.

Wir sind uns. Im Weg.
Sein Geruch. Bier auf Korn.
Nur. Das Blasen macht
Sinn; wie dein dösiger Zopf.

Was dich anmacht. Gefällt.
Dampft. Das volle Programm.

**Tritt.**

Es gibt eben Tage,
da reißt dich die Blöße,
die haarfeine Blässe,
der schleichende Trott.

Da möchtest du barsch
Nikotinflügel lüften; schroff
den Marathon stemmen;
dankbar Fischsuppe löffeln.

Du fändest aufs Geratewohl.
Allmacht & Wachtraum.
Besorgnis. Erregend. Im Clinch.

: Was auch sonst.

Sie streifen uns sanft.
Solche Tage verlässlich.
Sie bleiben dir kaum.
Der Erinnerung wert.

Gedichte. **Gedichte.**

Ein Halbsatz in fett.
Im Trüben. Wahr. Was
zu beweisen. War. Klar.
Alles gut. Alles recht.

Gleicher Strang.
Bis aufs Haar.

## Er hatte,

mein Ritter,
den hübschen Kopf voll,
voll im berstenden Treibsand,
voll das strahlende Blau;

so wie ich beide Ohren,
Kohl im Brunstschlaf, verstopft.

Ein kurzer. Mein Ritter.
Ein. Ganz. Ganz. Blitzrasch.
Ein vornehm beschiedener
Wink. Nichts verpasst.

## Wellenkammfreund.

Lach mich bitte nicht aus.
Bitte. Lach dich kaputt.
Schon im Handumdrehen
find ich mich wieder zurecht.

Wir wollen die Losung,
den Einschnitt, mein Freund,
nicht loben, befassen, das sollten
wir nicht, bevor uns Bestürzung
den Handkuss spendiert:

Aber dann. Also dann. Andermal.

## lippenbekenntnisse :

doch wenn der seinen mund,
(W.), nicht weit genug auftut;

wenn die, seine zunge,
wirr im wirbelwind, (H.),
wirr im zweikampf verwirbelt;
wirr durchs unterholz jagt;

wenn duftfahnen, krümeln,
wenn schamhaaren, (O.), findig
ausweichen muss; kaum entkommt;
dir (N.N.) zahme kronen erschlägt;
schräge bisse verpasst; doch falls (K.)

drauf & dran; dir die kimme zerkaut;
(I.) mit nachdruck dann sagst du's
kurz entschlossen gleichwohl :

Flugs für's Erste gelassen. Flugs.
Wir lassen's. Geschenkt. & den süffigen
Rest, tut mir leid, leider auch. Alles gut.
Liebster. (S.). Alles raus. Ausgebufft.

**PS**

Kiffer,
O Kiffer,
die nestwarmen
Kiffer, die hätten
zumindest, zumindest
die Kiffer, was das betrifft,
anlangt & von jetzt auf gleich
ausbricht, nie wirklich enttäuscht
hätten die. Also. (S.).

## Denn

Ebenholzgrau war die Nacht. Stolz.
Ebenholzrein. Seine Haut. Krass.
Ebenholztief. Tolle Wucht. Mensch.
Nur mein Gestammel geklaut. (E.).

Unverhofft. Knüppeldick. Scheu.
Wohl. Fabelhaft. Herrlich. Gestreckt.
Wohl, wenn du es am Ende gelassen,
verblüfft von anderer Seite betrachten
kannst. Schmeckt's.

**Stramm.** Übrigens.

Packend.
Wie größtenteils all die Gerüchte
im Nachgang, wie sagt's sich,
im Hergang, so sagt sich's,
im Umfang ein loses, famoses,
ein durchaus bekömmliches
Ausmaß bewahren.

Obwohl dir, wie sagt's sich,
was Schmöker, so sagt sich's,
was Schinken, was Schwarten,
was Wälzer betrifft, die Dicken,
du sagst mir, in schlaflosen Nächten,
da staunt sich's, im Bett noch Genuss
liefern könnten.

Die Guten. Dir Liebsten.
Bauch. Schultern. Kaum Po.
Sein borstiger Rücken. Schwamm.
Warzen. Kein Scherz. Kein Wunder.
Du sagt dir. Adonis. Hör zu. So regt's
sich. Versteht sich. Mein platschfeuchter
Zwerg. Verwittert. Kein Blitz. Alles dicht.
Quält's sich durch.

**Ich treibe.**

Die balgenden Flüsse.
Verwischt. Die brennenden
Flechten. Hinab; nur ein Zug.

Nur ein Blatt. Im Erinnern.
Im Erinnern. Dein Wort. So
hochmütig. Aufrecht. Gefasst.

## Raum.

Keine Ahnung.
Wo die ihren Platz finden sollte.
Wie sagtest du damals. Naja.

Keine Ahnung.
Wohl irgendwo zwischen den Zeilen.
So sagtest du damals, vielleicht.

Keine Ahnung.
Das macht nichts. Wir kommen auch
so. Wie sagtest du damals. Bestimmt.

## PS

wenn
du dich
nur mundfaul
bemühst. immer zu.

du hoffnungsfroh über
den tellersims spinkst.

so packen wir's, Dreadlock.
alle Achtung. bespritzt.

nur **bin ich** mir

einfach nicht sicher
das ist so als ob
ich mit klarem kopf
felsenfest roh noch
neben dir aufwachen

möchte ich denke
gewiss doch gebacken
mein gottesbeweis.
in leder da geht was
verlässlich noch besser
da steht was ich denke
wie safran wen juckts

dich kein wort knall
auf fall im gebüsch.
damit sind wir vertraut
damit kommen wir raus
damit lässt es sich ziehn
wie gedacht. denke ich.

## Schlagschatten.

Notdurft.
Begriffspärchen.
Rührig. Wird. Regel.
Um Ratschlag. Zur Tugend.
Mein Schatz.

Im Wechselwind.
Standhaft. Elf Siegel.
Kein Treffer. Nur der.
Vollständigkeit.
Halber. Gepisst.

Darauf (S.): Unverblümt.

**wir sollten.**

was meinst du.
wir könnten vielleicht.
schon morgen.
noch einmal.
was hältst du davon.
gleicher Ort.
gleiche Zeit.
aus dem Stegreif.
vielleicht.
erlesener Tran.
komm zurecht.
keine Angst.

## sprich mich an

sieh dich vor
mach dich frei
zieh mich nach
alle Türme beherzt
all die Engel verscherzt
es wird Zeit, Augenstern
Gott zum Gruß
Aus. Vorbei.

## Sieh', wie

sonderbar rau aller Gleichmut
versiegt, wenn du spitz über Nacht
in die Kloschüssel kotzt.

## was pfeift denn der

türkenspitz selig
vom dach es pfeift
der der hat es sich
selber gemacht & das
nicht nur einmal fett
im freien verpasst wohl
war immerhin mehr da
also drin als auch dran

## Du. Ich mag's.

Kaum. Wenn du deine Eier, (N.N.),
deinen klobigen Schwanz mutterseelen
allein, verdammt, bleib im Bild, da drall
ausladend schwingst; das wirft einen leicht

aus der Bahn. & überhaupt, (I.). Du.
Das kratzt. Da. Das nervt. Keine Pobacken
jetzt. Kein geöffnetes Loch. Tritt ein wenig
zurück, (S.), & jetzt zeig dein Gesicht.

## Zinnober. Zinnober.

Im Gegenteil das.
Dass der seine Achseln,
die Schenkel rasiert. Mensch.
Das macht mir nix aus. Mensch.
Das kriegen wir hin.

Dass sein garstiger Hintern.
In Vollendung beklatscht.
Kaum gebändigt. Herausplatzt.
Mensch, das will einfach nicht,
Mensch, das über den Rand.

Da hilft auch kein Korn. Spatz,
begreifst du. Mensch. Mensch:
Gelocht. Abgeheftet. Verlegt.
Schluss. Aus Punkt

## Keine Ahnung. Echt.

Wie ich das anpacken soll.
Die Blume. Das Verslein.
Eine Schachtel Konfekt.

Im Vorbeimarsch. Mein Prinz.
Im Vorüber. Gebrummt. Kreuz
& Quer über Theken. Sein

Blick, der uns fällt. Doch stürmt
dir im Stechschritt bald Besseres
zu. Ist auf Zufall & Schicksal.

Ist so gar kein Verlass. Nicht.
Sieh', wir kennen's zu gut;
was uns flieht, treu umkreist.

**Keine Ahnung. (N.N.).**

Doch der frisst dich voll an.
Begreif's nur, wie der da
sich vorläufig bückt.

Wie's. Jerk.
Masturbation. Wet.
Hundsgemein steht. Der.
Vocal. Wank. Skinny. Below.

Haut & Haar nicht mein Typ.
Packt der Typ dich voll an. Skin.
Poppers. Play. Messi. Piss. Cum.

## PS

Das Kantige. Fällt.
Das Kantige. Stockt.
Das Kantige. Hat mir.

Dein Leben verbockt.

**Doch.** Vielleicht.

Schönen Tag noch.
Ja. Bis Morgen.
Mag sein.
& dein niedliches
Lächeln überzeugend
gereicht. Ja.
Wir schaffen es nicht.
Das Korsett.
Das im Bauch.
Wie das kneift.
Wie das keift.
Och, Mensch, schade.
Mich auch.

**Alle : Augen**
auf Durchzug.

Bloß kein Suchbegriff.
Klick. & zum Wachwerden.
Klick. Zigarette auf Eis.

Fröhlich aufgelegt. Clean.
Alles. Abgemacht. Nein.

## Heut!

Sah ich dich wieder.
(K.). Kniete davor.

Den machte der glücklich.
Kam (I.) gut. Zurecht.

Denn sein Stöhnen tat gut.
Denn dein Stöhnen war taff.

## Stur. Nur.

Schatten. Nur Risse.
Sie blenden. Mein Herr.
Die fordern. Wie Leucht.
Scheiben. Kegel zum Tanz.

Hohe See. Alle Mann.
Fromm den Griffel gestreckt.
Nichts in Sicht. Über Tag.
Überm Gras. Voll auf Speed.

**Alle Zinken lang.** Stur.

Hübsch. Das Gleiche geschält.
Hübsch. Das Selbe gepellt.
Sieh dir zu. Seif mich ein.
Doch hilft dem gefälligst
ein gediegener Schlag.
Schlag ins Maul.
Auf den Sprung.
Auf die Beine.
Mag sein.

## Wohl kaum.

Seine Tolle.
Das prachtvolle Ding.
Gold. Gebohnert. Load.
Otter. Mein Krampf.

Voll im Bild.
Nimmersatt. Damit
kennt der. Sich aus.
Wiederholt'(S.).

Wiederholt : Sperm.
(S.). Immer. Doch. Gern.

## ... breit

im Schleckschenkeltempo
wird's auf morgen vertagt;
wird's entwurzelt, verschleppt;
wird's den Sternen gereicht.

Hot. Entzauberter. Wust.
Hot. Das lohnt sich. Das wird.
Weder Teufel noch Tod. Kennt

die Welt. Was. Verwaist. Wenn.
Bestimmt. Dann. Auf bald.
Wird genickt. Wird's verraucht.

## Frisch

rutscht's einem raus.
Frisch teibt's einen fort.
Frischer schielt's über Nacht.
&. Jetzt glaub mir. Aufs Wort.

## Pech. Der mag's,

wenn man mitdenkt.
(E.) gefällt's, wenn man rät.
Scharf. Die Sinne auf Achtung.
Haut's noch immer nicht hin.

**Mikado.** Mikado.

Wie ziehst du vorbei.
Ein Luftwitz. Ich sah dich.
Ein Wortspiel. Geschoss.

Seine köstlichen Keulen.
Seine Haarspalterei.
So. Ich denke ans wichsen.

Drei. Wir lassen's dabei.

## Solche Ottos,

Frau Wühltisch,
krasser Ausschlag
im Schritt. Aber sonst
recht passabel. Geile Fresse.

Zumal.

& sein schlüpfriger Arsch.
& sein schlunziger Schritt.
Diese schläfrige Artung.
Du ich schaff's gerade nicht.

## Ungelogen

gelogen, wie wär's,
wenn du mir gerissen
die Hand reichst zum Kuss.
Mein Rehbock. Mein Stammhirn.
Mein Himmelsgeschoss.

Wär's jedenfalls (D.) übertrieben.
Getrieben. Die. Erste. Nacht.
Nacht. Nicht. Alles andre geht.
Klar. Alles andre mag drin sein.
Bis auf Kacke & Blut.

## Heult.

Der Heuler.
Zum Nachtisch. Heult.
Mein. Garten. Hof. Hund.
Heult. Dein Lebensgefährte.
Dessen Arbeit. Mein Muss.
Seine Mutter. Dein Herzleid.
Diese scheiß Politik.
Doch mit dir ist es prima.
Doch bei mir kann er sein.
Wenn mein Papa nicht wäre.
Du, ich bin. Echt allein.

## Gut.

Wir Hatten Uns trefflich
Gern Vor Liebe Geliebt
Das Gab Meinem Leben
Ein Verblüffendes Recht.

Auch Warst Du Geschmeidig
Entschlossen Pervers Durch
Aus Kleinkariert Manchmal
Aber Hinlänglich Treu.

War Sein Körper Dein Traum
Bild Aber Ja Ganz Bestimmt
Seine Stimme Ein Glücksfall
Alles. Neu. Bringt's Der Mai.

Spricht
Von Seelen
Verwandtschaft.
Krass. Genau. Aber ja.
Spricht von Himmel & Hölle.
Dir gefällt die Gefahr.

Mir gefällt seine Kehle.
Breit. Gleich hier auf dem Klo.
Seinen stinkfaden Samen.
Deinen hohen Erguss.
Meines Laufburschen. Sturz.
Nachts im Vorgebirgspark.

& jetzt musst du nicht gleich.
Hast. Versprochen. Versprich.
Deinen Wimpern-Strich lüften.
Reinste Wortbügelei.

Ich kann **nicht mehr.**

**Du willst** nicht mehr.
Das halt ich nimmer.
Aus. Was Atem hat,
das lob' den Herrn;
den Rest erledigt Klaus.

## Ich

werde euch lehren.
Macht. Mir keiner was
vor. Wie's. Polizei. Polizei.
Zu bewerkstelligen sei.

Der wittert gut Ungemach.
Hat's die Nacht überwacht.
Hat's von Seite zu Seite.
Pech auf Schwefel. Bedacht.

Hat's gewälzt. Hat's gescheucht.
Hat der Starrsinn das drauf.
00. Eins. Nicht bei mir. Brüllt.
Pack's. Feuerwehr. Buh.

Schon ist alles vorbei.
Schön. Ist alles im Nest.
Bin der Stellung. Ich, Herr.
& so muss das auch sein.

## Du dies kreisende

drängt; fällt dem ständig
zur Last. Streicht's. Hadert.
Streich zärtlich; er lächelt,

er spricht:

Dass du deine Geschichten
nicht zum Ende führst nie.
Du das denke auch ich.

Nun, was sagst du dazu.

**Wär's nicht auch.**

Grob. Unverantwortlich.
Lass. Dem. Die Abreibung.
Lass. Trallali. Trallaley.
Gut. Vor der gemeinsamen

Nacht zu verpassen:
Wir prosten uns zu.
Wir zwinkern geschickt.
Die hätten den Albtraum.
Fesch. Zu Tode gefickt.

## Mensch,

wie schnappt der
nach Fleisch. Drall.
Wie tobt der sich weg.
Als wär da kein Asthma
im Spiel; beiderseits.

Schleck. Besser. Nein. Krass.
Da. So. Nicht. Weiter. Rechts.
Etwas. Linker. Stöhnt. Gut.
Mann. Ja. Da. Unten. Picksüß.

Fein. Tiefer. Fein feuchter.
Fein. Lecker. Vielleicht.
Eher sanft da. Pass auf.
Eher. Vorsicht. Mach hin.
Auf Rezept. Ungeschützt.
Ah. Weit besser. Verlegt.

Saft. Herrlich. Saft. Tiefer.
Saft. Gründlich. Muss raus.
Was raus muss, kommt
strahlend. Verzogen. Was
soll's. Haut. Nippel. Die Eier.

Wie gebucht. So verschmerzt.

Gut **Wodka,**

Freund Flasche,
hilft immer. Lass los.
Am Morgen. Im Wusel.
Du stinkst nicht danach.

Selbst wenn du, Pelléas,
auf schwankendem Steg,
im Nachgang der Kiffe
zum Kiosk stolzierst.

Pissmunter, Mentol.
Das erleichtert den Schiss.
Trallalera. Ole. Wovon
sprachen wir. Gleich.

**Leg dich** nicht

mit mir an. Komm mir
nicht auf die Tour.
In die Quere, Schakal.
Ich begreife dich nicht.

Nur. Wo Nase & Egel
sich kreuzweise lecken.
Ist kein Dutt für dich, Löwe.
Ich begreife mich nicht.

## So **warst du es.**

Du bist es.
Mein rauschendes Gift.
Werde. Halten & lassen.
Werde. Geben. Auch fassen.

Nur ein Wort. Von dir, Dennis.
Wet. Versprochen. Verflucht.
Wäre gut. Alles währt.
Alle Achtung.
Danach.

**Sie kommen.** (N.N.).

Sie regen sich. Bunt.
Vom Schamhaar an
aufwärts. All das.

Eine Lage. Verschnitt.
Eine Lage. Verdruss.
So ein Wortgewühl

Punkt

Du. Erinnere. Dich.

## Du. Erinnere mich

War's ein lauschiger Gang
Ging's hinunter ins Tal
Sein Geruch nebenan
Seine aalglatte Haut

Ein Diskurs Tête-à-têt
Über Sartre Camus
Ein Geriesel Musik
Du. Sein Lachen so weit

Seine Augen. Giftgrün
Gertenstark. Immer wach
Ein Verzauberter. Bach
Du. Wohin ich nur schau

## PS

Froh.
Im Bärenwein
purzeln die ächzenden
Wurzeln. Steht's kopfüber Kopf. **Ups.**
Der Puma macht schlapp.

## Doch

wie würde ich mir,
im Gewimmel danach
den Geschmack seiner Eichel:
Asche. Knoblauch & Bier.

Jeder Zug. Zug um Zug.
Weht. Erinnerung. Kam's.
War sein Name. Der Bertram:
Deine Rede geduckt.

**Mein Engel,**

ich sah dich.
Ich horchte dir nach.
Jetzt. Ein Leben verrutscht.
Ich enthalte mich. Fern.

## Zaundürr.

War dein Name.
War. Ulli. Der Frank.
Das Gebälk ist ein Scheusal.
Wie mein Magen. Ein Loch.

Jeder reichte das Ohr.
Alles mucksmäuschenstill.
Wandte jede den Hals.
Ein Gedicht. Tafelspitz.

Ein Tarantelgespann.
Alles Weben verweht.
Doch sein Name. Im Ernst.
Dich vergesse ich nicht.

## PS

Komm.
Freundchen,
komm. Komm.

Wie hättest du nicht
echte Linzer gebacken,
voll die Sahne gereicht
im Kosakenkostüm;

deine Wörter gespitzt:

Dieser Anblick. Ein Bild.
Komm. Dein Gürtel allein.
Davon sprachen wir nicht.
& wir lassen's auch jetzt.

## Noch=immer

Im Marschland
Wenn wir uns
Versuchen.

Die Taube
Im Winter
Wirft Schatten
Das Boot.

Wenn wir uns
Im Kehraus
Im Abriss
Verlaufen.

Motorischer
Lachzwang
Wie sagt sich's
Nicht. Mehr.

**Nur** eins **noch**

: Zum Abschied
: Versprochen
: Versprich
: Du hörst mich
: Nur deshalb
: Dich gab ich nicht her

Sein Geheiß aus der Zukunft.

: Mein Gedächtnis bestellt
: Wir sind laufend
: Im Hier
: Nie gemeinsam zertrennt
: Nie & nimmer geschwärzt

Diese Furche Verstummt :

## PS

So setzt du dich zu mir.
Den Rücken ein Baum.

So Schenkel an Schenkel.
Ins Atmen vertieft.

Ein Strauß Weißer=Nächte;
sie entbeeren uns kaum.

## Also. Weiter. Stur.

Heiter. Also wieder voran.
Duftkerzchen Milchfräse;
einmal hin & zurück.

: Dem zogst du gepfeffert
: Mit eiserner Gier
: Die rostroten Fesseln
: Die Waden bergan

Genu varus. Ein Lichtblick.
Dein Sartorius, (I.). Epheliden.
Ein Mühlrad dagegen ist. Nichts.

Ein Blindekuh=Windspiel. Nach Luft.
Ach, der Mai. Ein Flachmann. Trägt
Botschaft um Botschaft. Herbei.

: Die Blicke wie Klatschmohn
: Im Schlaglicht der Fahne
: Wie Zunder gestachelt
: Sein Wortschatz verschränkt

Von Cousinen. Cousins. Seiner
Flamme. Der Hübsche. Ein Zauber
Fluss. Schnee. Wald. Non voglio morir.

(N.) lachte. (N.N.), Hohe See. I can.
Wait. Schießt's mit Pepp diesem
Hecht auf die Trichterbrust frech.

## Noch abends zuvor,

noch allerhand sturz,
wie warst du mit (R.),
der mit Wohlfahrt verpaart.

Mensch. Der hätte sich selbst.
Mach. Der könnte sich sonst.
Aber davon erzählen. Warum.

: So wird man zum Flittchen.
: So legt man sich krumm.
: So ein Hasenfuß war das.

Furzt=Behaglich. Who knows.

**(E.)** passte.

Ach (T.). Ja, das
mundgerecht auch.

Down the block.
: Strenger Duft.
On the beach.
: Steter Lohn.

Hast du den Gesang
der Matrosen gehört.

Maybe. Triceps brachii.
: Du, dein Silberblick (U.).
Maybe. Pyramidalis.
: Die Papillen verzahnt.
Maybe. Rectus abdominis.
: Seine Brauen gezückt.

Only just out of reach. (R.).
(N.) verraucht's. Deck dich ein.

**Schlüsselbein.** *flott.*

Denn Sie Lieben Geschichten
Die Kriechen Die Siechen So Mies
Nach Belieben Die Beißer Gefletscht

Belauern Die Roten Die Losen Famosen
Die Kosmisch Adretten Den Urknall Die
Fetten Verboten Gehorsam Manierlich

Gespannt Bestaunen Die Braunen
Den Wortwitz Und Raunen Schnee
Wermut Bier Puder Du Luder Korrekt

Zieh Poppers Kein Tango Auf Schmackes
Lang Zu Kein Walzer Auf Dröhnung Ins
Bockshorn Parfüm Die Blauen Die Gelben

Die Schwarzen Die Grauen Versetzen
Die Grünen Verstohlen Mach Hin Verkohlen
Wie Köstlich Ein Schwupptiwupp Schluck

Ein Brummbrumm Verschissen Ein Simsalabim
Mit Flacher Hand Munter Gerissen Echt Nett
Nach Schweizer Art Zünftig Besiegelt Verprasst

## Noch nicht. Ganz:

Denn zum Nachtisch.
Rotzt. Moritz. Rotzt. Bolle.
Rotzt. Frank. Schieß Freimut.
Rotzt. Siegbert. Spritzt. Hermann.

Auf: Max liebt das Vorspiel
geschmeidig, verdutzt. Wär's
Werner & Wolfgang, selbst Coco
ein Graus. Stottert Flo überstürzt:

Bin besuchbar die Nacht. Schluck.
Wacholder. Wacholder. Wie ich.

**(N.N.)**

Ich sah Dich. Es zieht sich.
Was esse ich morgen.

Es reckt sich. Verläuft sich.
Im Laschengestrüpp.

& hier noch. & da noch.
& noch mal. Das wird schon.

Er beugt sich. Gewaschen.
Gespült. Dann man zu.

Bester Mann. Gutes Nächtle.
Echt. Gefiel mir. Weiß Gott.

Weiß Gott. Allein. Tür zu.
Bin besuchbar. Geschafft.

—

*spritzig, aber vollauf. getragen.*

Den Gang entlang. Treffer.

Jeans. Schlüssel. Ins Bad.
Den Stein in der Tasche.

Mein Kussmaul. Auf ex.

—

*entschlossen.*

Klar. Auszeit.
Muss sein. Nur.
Die Schultern.
Rasiert. Dir den.
Sack nebenbei.
Flugs die Nägel.
Lackiert. Jung
& reif. Ab. Ins
Bett. Klappe. Zu
Affe. Schmatz.

—

*wiegend. gern. lauschig.*

Ich lag & schlief.

Da träumte mir.
Auf meinem Marsch.
Von Haus. Zuhaus.

Wie sollte, wollte,
könnte ich, wie würd
ich's dir im Dunklen

nich im weichen Schein
besorgen wohl. Ach,
Täubchen, lass mich

auf dich. Rein.

—

*ohne Metrum.*

Deine Kindheit
am Mäulchen.
Seine Lippen
am Po.
Meine Hand
an den Warzen.
Krass. Geleckt.
Sowieso.

## (N.)ur.

Dasein. Bl(O.)ß. Hiersein.
Ein Wurzelgemüse.
Den Schlaf der Erwartung.
Ich ke(N.N.)e Sie längst

:


Seine Stimme. Verschoben.
Knapp nach hinten versetzt.
Ein verschworenes Messer.
Diesen Herzschlag zu lang.
Sieh dich vor, Giacometti,

pass mal wortwörtlich auf:

## °_° August 10, 1960.

Sie hätten bei Regen, Gewitter;
Im Sturm; sie hätten mir
Nachgeblickt (R.).

Den Handschuh gehoben,
Die Feder ins Licht; sie bleiben,
Mein Ritter, mir (E.).

Die Kisten, ein Lächeln,
Umkreiste ich (T.). D(U.)
Das wird, (R.). Verlässlich.
(N.). Bis morgen. Sag: Ja

## (Punkt)

Postskriptum
So sagt sich's: Maybe.
Ausverkauft. :-*